El Libro Milagroso

Compre este libro en línea visitando www.trafford.com/07-0515
o por correo electrónico escribiendo a orders@trafford.com

La gran mayoría de los títulos de Trafford Publishing también
están disponibles en las principales tiendas de libros en línea.

Aviso a Bibliotecarios: La catalogación bibliográfica de este libro se encuentra en la base de datos de la Biblioteca y Archivos del Canadá. Estos datos se pueden obtener a través de la siguiente página web: www.collectionscanada.ca/amicus/index-e.html

Impreso en Estados Unidos de América.

ISBN: 978-1-4251-2111-2 (sc)
ISBN: 978-1-4669-5145-7 (e)

En Trafford Publishing creemos en la responsabilidad que todos, tanto individuos como empresas, tenemos al tomar decisiones cabales cuando estas tienen impactos sociales y ecológicos. Usted, en su posición de lector y autor, apoya estas iniciativas de responsabilidad social y ecológica cada vez que compra un libro impreso por Trafford Publishing o cada vez que publica mediante nuestros servicios de publicación. Para conocer más acerca de cómo usted contribuye a estas iniciativas, por favor visite: http://wwwtrafford.com/publicacionresponsable.html

www.trafford.com

Para Norteamérica y el mundo entero
llamadas sin cargo: 1 888 232 4444 (USA & Canadá)
teléfono: 250 383 6864 • fax: 812 355 4082

Este libro contiene todo lo que usted desea para hacer su limpia en su casa, le quitara cual quier brujeria y ojo y por salado que este en la persona.

Uselo y le ayudara lo efectivo que sera para usted el le quitara todo lo malo y le traera buena suerte, para usted y quien lo necesite.

Escritor

Martin Pulido V.

Este libro ha sido selecionado y eleborado especialmente para usted. Este libro, es positivo muy seguro espiritualmente si lo sigue todo como es. Encontrara solucion a todos sus problemas.

Primero Dios, la santisima Trinidad este libro y su fe.

Con este libro siguiendo todas las instrucciones, como se le indican mejorara su vida. Cada pagina contiene una receta diferente segun sea su necesidad. Y si lo hace bien le servira para su negocio, buena suerte, cortes, el hogar, lo Economico y lo principal para usted mismo. Este libro fue elaborado con 40 anos de experiencia.

Primero Dios y tu fe solucionaras todos tus problemas. Dios bendiga su familia, su hogar y a usted.

(Recuerda que la fe mueve montañas)

Este libro se trabaja con diferentes santos segun lo requiera la receta.

Receta De la Santa Muerte

para atraer a una Persona

Jaculadora Muerte, traeme lo que mas yo quiere (nombre de la persona) y controla el amor perdido de (nombre de la persona) para tenerlo en casa.

1 veladora Negra de la Santa Muerte O

1 veladora Roja de la Santa Muerte O O O

1 veladora Blanca de la Santa Muerte O

1 veladora Roja Ven a Mi

1 veladora Rosa de la Chuparrosa

1 Novena de la Santa Muerte, hacerla por 9 dias junto con tu peticion.

Ponerlas por 9 dias, a cada una de las veladoras se les pone en la cera su nombre completo de las dos personas en nombre de cruz.

Se rezan 3 Padres Nuestros cada dia por 9 dias. Las veladoras tienen que estar prendidas, si se terminan antes prender otras. Recuerda los rezos deben de ser a la misma hora los 9 dias. Y despues de los resos hacer la novena y veras los resultados en 12 dias. Recuerda rezar y hacer tus peticion a diario,a la misma hora con mucha fe y no te fallara.

Receta Del Santo San Simon

Esta Receta es para personas que estan en la carcel.

Poner 7 Veladores.

1 veladora de 7 potencias	O
1 veladora Abre Caminos	O
1 veladora Tapabocas	O O O
1 veladora De la Corte	O
1 veladora Dominadora	O
1 veladora Blanca	
1 veladora De la Sombra de Pedro	

Pueden ser de cual quier color. Escriba en la cera de las 7 veladoras todas sus necesidades. Esta receta es por 30 dias, mantener las velas encendidas los 30 dias. Rezar tres padres nuestros diarios a la misma hora y pedir mucho a

San Simon.

La Sombra De San Pedro

La Sombra de San Padre se le pide, "Tapame con tu sombra para llegar a donde voy con todo poder tuyo, hasta donde quiero llegar y quitame los peligros de enfrente y los que me rodeen."

Poner 3 veladoras,

1 Veladora del Santisimo (blanco)

1 Veladora de la sombra de San Pedro (rojo)

1 Veladora de Abrecaminos (blanca)

Escribe dentro de la cera de cada vela que te ayude a llegar a tu destino.

Rezar 3 padres nuestros y haga su peticion y vera los resultados.

(Todo se hace con mucha fe)

San Ramon

(Esta receta es par alas personas que quieren la custodia de sus hijos).

San Ramon es uno de los Santos mas abandonados pero con mucha fe te hace el milagro.

Cuando quieras que te den la Custodia de un hijo y tienes una corte

Pon 5 veladoras:

1 veladora de la corte (azul)
1 veladora de San Ramon (color que sea)
1 veladora blanca
1 veladora azul claro
1 veladora roja

1) Primero prender las velas, rezar 3 padres nuestros y hacer la peticion.
2) Hay que poner una olla en el cuarto, tener una imagen de San Ramon.

Poner un chicle en la boca (el chicle mastiquelo bien hasta que no tenga azucar.) Dar 9 vueltas alrededor de la silla ala derecha y despues 9 vueltas hacia la izquierda y valla hacienda su peticion y que no hablen mal de usted.

Con mucha fe vera resultados en 12 dias.

Receta para saber si tu pareja te es infiel

1 Espejo

1 foto de la persona

1 vaso de Agua

1 Imagen de la Santa Muerte

1 veladora de la Santa Muerte blanca

1 veladora café

1 veladora blanca

Pones el espejo no importa que este en la pared (no importa que este en la pared (no tiene que ser Nuevo.) La foto va atras del espejo, la foto la pones de frente, el vaso va enfrente del espejo lleno de agua. La imagen de la muerte va a lado del vaso de agua. Pones las 3 veladoras prendidas a lado.

O O

O

Rezar 3 padres nuestros todas las noches. Hacer la peticion por 9 dias a la misma hora y hacer la novena de la Santa Muerte. A los 3 dias vas a checar la foto, si la foto esta sudada tu pareja te es infiel. Si la foto esta limpia tal como la pusistes tú pareja es fiel. Despues de los 3 dias puedes chequear a diaro.

(Hacerlo con mucha fe).

Para Retirar Un Amor de Engano

Para retirarle el amor a su pareja con quien le esta enganando.

Esto es delicado, si mira que su amor se esta acabando hay que poner mucha atencion,

Hay que retirar todo esos amores

1 veladora Santa Martha Dominadora

1 veladora San Simon (negra)

1 veladora de Reversible (dos colores, Roja y Negra)

1 Tela de color negro

1 papel pergamino (se compra el las botanica)

1 imagen de San Simon

1 Novena de San Simon

Atras de la puerta de tu casa, poner el piso el lienso. Arriba el papel pergamino con el nombre de la persona con quien tu pareja te engana y sobre esto las velas. Poner la peticion en las velas en forma de cruz.

Rezar 3 padres nuestros, por 9 dias ala misma hora.

Espere resultado en 21 dias.

Receta Para Buena Suerte

Un talisman para tener suerte con el dinero. Son 7 veladoras diferentes tienen que ser con simbolos de jugadores, dados, cartas, dinero, maquinas, billetes, monedas no importa el color que sea.

o o o

o O o

o o

1 plato transparente

1 poco arroz

1 talisman de Trebol (se compra en cualquier botanica)

1 aceite bendito (cualquiera)

1 agua bendita

Se ponen las 7 veladoras en círculo. El plato va al centro con el talisman, poner el arroz arriba del talisman, poner el aceite bendito y el agua arriba del talisman. Esta receta es por 9 dias, si acaban las velas poner otras hasta que se terminen.

Rezar 3 padres nuestros y pedir la peticion al espiritu santo. Despues de los 9 dias toma tu talisman y cargalo contigo siempre que nadie mas lo toque.

Has esto con mucha fe y todo te va salir bien.

Receta de mis antepasados.

(Para que no te falte dinero)

Poner un plato de cristal o una charola. Poner todos los dias monedas (de cualquier denominacion) dejarlo hay por todo el tiempo necessario, hasta que se llene. No debes de agarrar dinero de hay solo que el dinero se salga de la charola y este abajo ya lleno.

Llevarlo al Santisimo para que venga mas suerte y empezar muy buen año y no te faltara dinero, esto lo debes de llevar a la iglesia en fin de ano.

Puedes repetirlo cada ano que quieras, no olvides ponerlo una veladora al santisimo.

Rezar 3 padres nuestros y hacer tu peticion al santisimo. Mucha fe y Buena suerte.

Receta Para Limpiar El Hogar

Por estos tiempos, hay que ponermos alerta hay que protegernos de las envidias de la gente.

Perfume 7 machos

Florida agua colonia

Agua bendita

Agua de Romero

1 Imagen de la Santisima Trinidad

En 4 litros de agua (1 galon) poner todo el perfume 7 machos, el agua florida, la agua bendita, agua de romero y revolver todo bien. Ir roseando por toda la casa e ir rezando y hacienda bendiciones para el hogar esto se hace los martes y viernes hasta que sea 9 veces. Poner una imagen de la Santisima

Trinidad atras de la puerta. Esto require mucha fe.

Receta Para El hogar Del Santisimo

El Santisimo es el santo mas poderoso esta receta es para comenzar el año.

1 Biblia

1 Pan

1 Manzana

1 Pedazo de Canela

1 Veladora blanca

Esta receta la comenzaras el 24 de diciembre y lo haras por 9 dias. Hay que poner una biblia (abierta) en la mesa a lado de una manzana, un pan, y un pedazo de canela. Pedirle todos los dias al Santisimo todo lo que deses para el año. Despues dices esta oracion:

Señor tu que todo lo puedes, tu que todo lo miras, has que mi casa floresca, haya paz y que todo se duplica, y no dejes que nada la perturbe.

Poner la veladora blanca, como obsequio tiene que estar prendida por 9 dias, si se acaba prendes otra. Ya que su luz es la que te iluminara.

Rezar 3 padres nuestros los 9 dias ala misma hora.

Esta Receta es de Proteccion Espiritual

Esta te funciona cuando tienes muchos problemas (que con esta protección se te resolveran varios de ellos), para salir a las calles y protegerte del bandalismo.

1 Veladora 7 potencias
1 Veladora de la Sombra de San Pedro O
1 Veladora San Simon O O
1 Veladora Dominadora O

Mucha fe y lo principal confianza en Dios. Poner las 4 veladora y decir la Oracion por 3 veces: Dominen a todos (se dicen los nombres) si no tienes nombres se habla en general lo que andan tras de mi, 3 padres nuestros lo diras frente a las velas y pediras tus peticiones para que te guien, te tapen y te protejan.

Si lo haces con mucha fe siempre tendras una proteccion.

Una Limpia para Proteccion

Romero

Ruda

Sabila

1 Huevo de Gallina

Cocer el romero, ruda y sabila cocer diario estas tres cosas por 9 dias. Te banas con esta agua y despues de banarte te vas hacer la limpia con huevo tallando tu cuerpo rezando lo que quieras. Cuando termines rompe el huevo y tiralo al bano. Despues rezar 3 aves Marias y padres nuestros.

No olvides hacer tus peticiones cuando te estes hacienda la limpia, has con fe pidele mucho a Dios y miraras la diferencia.

Receta para Buena Suerte

Receta para atraer suerte y dinero antes de empezar la receta siempre en tu casa debes de tener al pie de tu casa una ruda y una sabila.

Pones a hervir en 1 galon de Agua varias monedas nacionales poner el agua en un recipiente banarse con esa agua por 9 dias y te puedes hacer una limpia con ruda, sabila, eucalipto y romero y poner una veladora blanca al santisimo, una a San Martin caballero por 9 dias y siempre Habra dinero.

Rezar 3 padres nuestros y pedir tu peticion siempre antes de dormirte con mucha fe.

Receta para curar el Mal de Ojo

Cuando un nino anda muy lloron y con diarrea (a esto se le llama mal de ojo). Hay que actuar rapidamente, hay que usar agua bendita y un huevo de gallina.

Se moja el huevo con la agua bendita y tallar al nino con el huevo y decir: (yo conjuro en el nombre del padre, del hijo y del Espiritu Santo, recele aves Marias y sobarle tambien su estomago con el mismo huevo por 5 minutos. Su hijo ya estara mejor y le bajara la fiebre rapido en 10 minutos usted vera a su hijo diferente.

Todo se hace con mucha fe.

Receta para que no falte nada en el hogar

Nunca debe faltar una Biblia Catolica en su casa ponerla abierta en el comedor de su casa por 9 dias le pondra un pedazo de (bolillo o telera) ponerle miel al bolillo y a lado poca azucar de cana poner todo en un plato de cristal para funsione mejor y por nueve 9 dias antes de comer de gracias a dios por todo y pida por toda su familia esto es cada ano por 9 dias.

Hagalo con mucha fe para ver mejores resultados.

Receta para bajar de peso por alguna brujeria

Poner a hervir un ajo en agua bendita, una toronja, 2 limones. Media hora antes de cada comida tomar una tacita tibia si lo hace constantemente pronto se va a sentir mejor y va a perder el peso que desea.

Receta para protejer su negocio

Cuando un negocio no funciona, trabaja es porque quiza alguien le esta dando mala vibra para quitar estas envidias ponga diaramente en un vaso con agua y poquita agua bendita y 1 manojo de perejil en cada esquina y cuando este se marchite cambiarlo siempre hacer lo mismo y poner sal (de cocina) de tu casa siempre en la puerta. Para trapear tu negocio. En una cubeta ponerle perfume 7 machos y agua florida ponerle amonia limpiar todos los dias con esto y su negocio se levante pronto.

Hacer todo con mucha fe.

Esta receta es para levanter un Negocio

Lavar todo el tiempo despues de que ya no tienes clientes. En el agua donde trapea poner amonia, pinol, colonia 7 machos en el agua diario poner tambien poca miel de abeja para que el aroma de estos se penetre en su negocio, para que prospere su negocio siempre suba y tenga mas clientes.

Recuerde que asi como existe el bien tambien existe el mal con este ritual se protégé usted su negocio y sus clientes puedes poner una estampa de San Martin Caballero en cualquier lugar junto con una veladora y pedirle a este santo lo que desee.

Receta para su Casa

Hay que llevar a bendecir cinco monedas de cualquier denominacion y despues ponerlas en un plato de cristal y hay que ir a una botanica a compra piedras (7 metales).

Hay que colocar las piedras arriba de las monedas si tiene un altar en su casa (no importa el santo que sea) ponerlo a lado ponle aceite bandito y rezar todos los dias antes de acostarte al santisimo y pedir todo lo que deses.

Hazlo con mucha fe.

Oracion ala Virgen De Guadalupe

Para pedirle a la Santisima Virgen de Guadalupe hay que pedirle un milagro, hay que llevarle flores, hay que ponerlo un mechon de nuestro pelo ponerle unas velas rojas (3) y hay que ponerle un vaso de agua. Hay que pedirle la peticion con mucha fe y recele 3 aves Marias y todo se te va a conceder.

Haz todo con mucha fe.

Para pedirle a la Santa Muerte

Para pedirle a la Santa Muerte un favor hay que ofrecerle un obsequio para que te cumpla lo que le pidas. Puedes ofrecerle una vela o flores pero lo que le prometas tienes que cumplirle porque es muy celosa y si no le pagas se cobra.

Para empezar a trabajar tienes que prender la vela primero y trabaja mejor, si es para alejar o traer a una persona ocupas la foto. Si es para cualquier favor tienes que poner una veladora por 9 dias segun tu necesidad es el color. La prendes y pides tu peticion rezas su novena, pides tu petición siempre ala misma hora.

No olvides ponerle lo que prometistes para que te lo haga todo rapido. La muerte nunca te fallara hazlo con fe y lo comprobaras.

Veladoras colores y significados

Azul Claro: Para el entendimiento spiritual. La bondad y felicidad.

Café: Para llamar espiritus.

Blanca: Prosperidad.

Amarilla: Para atraer proteccion salud y dinero algunas personas la usan para.

Morado: Para abrir caminos hacia lo sobrenatural y lo divino.

Roja: Para atraer el amor y la Pasion.

Negra: Para solicitar fuerza y poder.

Dorado: Para trabajo de inisacion, agradecimiento y dinero.

Dos Colores: Trae mas fuerza para los trabajos.

Todas son velas de magia blanca y cada color significa algo y te ayude para cada necesidad.

Limpia para el hogar y limpieza Espiritual

De vez en cuando hay que proteger su casa esto es una receta rapida y sencilla.

Hay que quemar incienso de iglesia (se compra en cualquier botanica), chile de arbol y pasarlo por toda la casa.

Con esto su hogar se va sentir mas calido y ayuda a sacar todo lo negativo esto es sencillo no hace nada a nadie y ayudar a muchos.

Receta para despues de una limpia de estomago

Hay que tomar algo para que la limpia funcione mejor. Tomar 7 azhares, diente de leon y canela.

Se pone a hervir todo tomarla todas las noches tibio y poner unas gotas de agua bendita a levantarse rezarle a la Santisima Trinidad y al santisimo para retirar todo lo negativo que quedo.

Hazlo con fe y reza siempre antes de acostarse.

Receta para los Rinones

Cuando anda mal de los rinones y el doctor dice que todo esta bien y no le encuentran nada. Trate esta receta y vera los resultados.

Cuando se valla a banar agarre un diente de ajo y tallese con el en la parte que le duele. Pida en el nombre de la Santisima Trinidad rezar 3 aves Marias y tres padres nuestros y eso le ayudara a calmar el malestar.

Para su trabajo San Simon le puede ayudar

Cuando usted esta en un tabajo y nadie lo quiere y siente la mala vibra ponga una veladora negra para San Simon escriba adentro en la cera el nombre de quien no lo quiere y pedir lo que desee, todas las mananas lavarse la cara con agua bendita y todo se le va a resolver rezarle a su novena a San Simon y 3 padres nuestros por 9 dias recuerda hacerlo con mucha fe.

Para saber si alguien le tiene envidia

Esta receta es efectiva y segura,

1 Estampa de la Santisimma Trinidad

1 Diente de Ajo

1 Limon

Meter en su bolsillo dentro de un costalito (usted lo puede hacer del color que quiera), la estampita, el ajo, y el limon. Esto lo va aser diario por 9 dias vas a usar la misma estampita solo vas a cambiar el ajo y el limon diario, si al chequear el limon los vez un poco marchito entonces tienes problemas pero siguelo haciendo por los 9 dias. El mismo limon y ajo van a limpiar todo antes de los 9 dias y todo se va arreglar.

Hazlo con mucha fe.

Bano para el Amor

1 Novena a la Santa Muerte

Hervir 3 Rosas Rojas

Agua Florida

1 Veladora roja de la Santa Muerte

Cuando una persona quiera tener mas de una amor. Banarse con el agua florida y el agua de las 3 rosas por 9 dias y va a cambiar su suerte en el amor.

Pedir a la Santa Muerte el favor, prender su veladora rezarle su novena por 9 dias y repetirla 4 veces mas. Esta receta dura 1 mes y no olvides que la veladora siempre tiene que estar prendida todo el tiempo durante las 4 novenas no olvides remplazar la vela.

Hazlo con mucha fe y vas a ver la diferencia.

Receta a cualquiera de tus santos preferidos

Siempre que valla a pedirle a un santo no olvide pedirle a Dios los Santos van a interseder por usted.

La Santisima Trinidad: Por la cruz que llevamos y nuestra alma.

San Ramon, San Judas Tadeo y San Martin Caballero: Por el trabajo.

Agarre un talisman segun sea su necesidad y prender su veladora. Rezar 3 padres nuestros a su santo y usted sentira que no esta solo. Si agarra un talisman negro solo poner mas velas (3) esto hara mas fuerte su trabajo recuerde es por 9 dias.

Hagalo con mucha seriedad y con mucha fe.

Para buscar un buen trabajo

Si siempre sale a buscar trabajo y todo se le niega. Ponga una veladora a San Simon, una San Martin Caballero juntas. Receles antes de buscar trabajo ellos le daran la solucion siempre pida cualquier trabajo y ellos le cumplirán su necesidad y vera que le daran muy bien trabajo.

Hagalo con mucha fe y se le garantisa que todo se lo haran como usted guste.

Para la suerte en cualquier juego

Cuando vas a ir a cualquier lugar y jugar ya sea maquinas, cartas o cualquier juego donde lleva contigo un cristo y un buda en su bolsillo.

Poner una veladora de buda si no la encuentras pon cualquiera que sea de Juego de cartas, maquinas, dados etc, de 7 potencias y una de San Simon. Les pones canela molida alrededor de la mecha y 3 gotas de sabila. Y al poco tiempo empieza a mejorar su suerte.

Todo es por 9 dias no olvide que es ala misma hora rezar 3 padres nuestros y pedir su peticion.

Para que usted haga su propia limpia

Cuando usted quiera hacer una limpia a cualquier persona hay que tener mucho cuidado no todas las personas puedes hacer una limpia solo lo puede hacer con un familiar pero antes de hacerlo debe conjurar el campo y bendecirlo con agua dendita y poner un circulo de sal alrededor de ellos es el momento adecuado para hacerlo ya que con esta protection no se le puede pegar nada de lo negativo de la otra persona.

La limpia se hace con un huevo tallando todo su cuerpo rezando padres nuestros, aves Marias, La Salve y mencionando en nombre sea del padre del hijo del Espiritu Santo cuando haya terminado barra la sal y tirela al baño junto con el huevo.

Todo esto le dara muy Buenos resultados hagalo con mucha fe.

Una limpia Mas fuerte

Hay que prepararnos bastante bien, hay que concentrarse lo mas que se pueda. Hay que agarrar un huevo de gallina. Decir en nombre del padre del hijo y del Espiritu Santo yo conjuro a esta persona (nombre de la persona) te invoco a ti Jesus Dios del cielo tu que todo lo ves, tu que todo lo puedes quitale este mal a (nombre de la persona) yo fulano de tal (el nombre de la persona que esta asiendo la limpia) que nadie nos interrumpa ni el demonio en el nombre de la Santisima Trinidad ayudame a protejer a esta persona y a su familia que no nos desampares, rezar aves Marias, Salves, padres nuestros.

Hacerlo con mucha fe y va a resultar con mucho exito.

Limpia muy fuerte para sacar un mal

Cuando una persona esta muy enferma hay que darse una limpia fuerte, no solo con el huevo, hay que usar ramas de pirul romero y ruda darse una barrida por todo el cuerpo para agarrar muchas energia y quitar todo lo malo ir rezando y pedirle a Dios que se le despoje toda la energia negativa despues con 3 limones dar masaje en la cabeza y el cerebro para que se ponga relajado, banarse con agua tibia y ponerle poquita agua de Romero pedirle a la Santisima Trinidad que le cure todo lo malo y rezar padres nuestros, aves Marias y nos proteja el Espiritu Santo y hacer su peticion.

Receta para ayudar a las personas que estan en la carcel

Cuando tengas alguien en la carcel, esta receta es efectiva hay que ayudarlos con veladoras hay que ponerlas en cruz.

O

O O O

O

O

Empenzando con las 7 potencias un San Simon, una de la sombra de San Pedro, una tapabocas, una de la milagrosa, una abre caminos y una de la corte que sea azul.

Esto es por 9 dias tienes que ponerle en la cera de las velas el nombre de la persona en cruz 9 veces en cada veladora. Rezar 3 padres nuestros y hacer su peticion esto es por 9 dias a la misma hora y hacer su peticion.

Receta para el Negocio

1 Veladora de San Martin Caballero

Miel de Abeja

Amonia

Agua Bendita

Agua de Romero

Canela Molida

Aceite Bendito (del Santisimo)

Poner la canela molida alrededor de la mecha y poner un chorrito de Agua y el aceite bandito. Prender la veladora rezar 3 padres nuestros. Pedir por su negocio y sus clientes y va a ver la prosperidad en su negocio.

Para que haya Buena suerte en su casa

Para protejer su casa, hay que poner muchos espejos y hacer una corona de ajos, ponerla a un lado de la puerta, agarrar una herradura de caballo (comprarla en una botanica) ponerla a lado de la puerta para abajo tenerle una veladora encendida de vez en cuanto al Santisimo blanca.

Rezar 3 padres nuestros pedir todo lo que desees para tu casa y tu familia hazlo con mucha fe.

Oracion a la Anima Sola

Oh senor cuantas son las gracias que necesitamos, con toda la verdad puede decirse que nuestra necesidad es universal ahora senor, buscanos con tu divina majestad.

Intercedores que amais sobre manera el Anima Sola, tan en pena en nuestro favor como grato a nuestros ojos. Desde lo profundo de su carcel se presenta nuestra indigencia las gracias necesarias para recomendarla miradnos pues con ojos de Misericordia y a tener el de nuestra sierva y a vos.

oh Anima Sola.

Alcansadme de la Divina Misericordia el remedio para esta necesidad que me aflije.

Rezar 3 padres nuestros y Aves Marias.

Hechizo Contra los Celos y El Deseo de dominar un Esposo

Las 3 Noches de Budu

Esto se hace en luna llena

3 Noches seguidas a las doce de la 12 a.m, comenzando con la primer campanada en un plato blanco (simbolo de la luna llana)

Pone 4 incienso de lila, rosa, clavel y vainilla. Las 4 flores atraen a la divina presencia del budu Gran Zanaignee se compra en las botanicas. Este ultimo ingrediente es para su comida espiritual, la ofrenda es para actuar a su favor, encienda los inciensos respire sus fragancias hasta que sienta paz despues ponga el plato al borde de una ventana abierta bajo los rayos de la luna llena amarrarse una cinta para zapatos negra en las canillas y tobillos son 4 (agujetas) para acabar con las peleas y ofrescase como novia al Gran Zaraignee. Para lograrlo tiene que bailar como arana (a gatas sobre pies y manos). El Gran Zaraignee a tomar pesecion de su cuerpo tiene el poder de eliminar los celos y protegen la cama conyugal de otras mujeres.

Limpia Casera para su Protecion

18 Huevos de Gallina

18 Ramas Eucalipto y Pirul

Hay que creer en Dios que es el que nos quita todo lo malo que haya en nuestros cuerpos y en la Santisima Trinidad, hay que hacer nueve limpias una cada dia. Agarras los 2 huevos de gallina uno en cada mano y te lo pasas por todo el cuerpo rezando y pidiendole a Dios que te quite todo lo malo despues te barres tu cuerpo con el eucalipto y el pirul de la misma forma.

Tiras los huevos al bano y las ramas a la basura esto lo haces por Nueve dias. Prendes una veladora al Santisimo y haces tus peticiones junto con 3 padres nuestros.

Para que no te Falte el Dinero

Pon una veladora de la Santa Muerte blanca o una estampa ponle canela molida y poquita miel y tres monedas de cualquier denominacion.

Reza su novena pidele lo que quieras que te cumpla reza tres padres nuestros esto es por nueve dias. Y veras resultados ofrecele 1 veladora blanca como ofrenda.

Oracion A San Antonio

Cuando le pidas al Sr. San Antonio que te traiga al amor, hay que pedirle con mucha de desde adentro de tu Corazon.

Hay que ponerlo de cabeza por nueve dias. Hay que ponerle una veladora roja, tambien hay que ponerlo de al reves y escriba en la cera como quiere el amor de sus suenos. Hay que rezarle todas las noches y cuando este la luna nueva frente a ella pidale su peticion y le ayudara.

Pidele con mucha fe.

Receta Para el Amor

Receta para obtener mucho amor donde quiera que ande. Hay que usar aceite bendito, aceite de ven a mi y aceite de la chuparosa. Siempre antes de salir de tu casa para atraer el amor y la Buena suerte esto te cambia lo negativo por positivo, ponerte en tus manos siempre reza tres padres nuestros y esto te ayudara y mas para atraer amor.

www.ingramcontent.com/pod-product-compliance
Ingram Content Group UK Ltd.
Pitfield, Milton Keynes, MK11 3LW, UK
UKHW041844190726
13854UKWH00002B/710

9 781425 121112